Mit freundlicher Unterstützung von

Erschienen im Eigenverlag des Landkreises Roth

Realisiert durch die

FAMILIENSTIFTUNG HEILING, ABENBERG, Parzivalstraße 1

Selbstbildnis 1978

Inhalt

Grußwort — Seite 5
Herbert Eckstein,
Landrat Landkreis Roth

Vorwort — Seite 7
Joseph Heiling,
Familienstiftung Heiling

Georg Hetzelein (1903 bis 2001) — Seite 8
von Reinhard Wechsler

„Heimatkundliche Streifzüge", — Seite 10
die Schriftenreihe des Landkreises Roth,
im Hinblick auf die Beiträge von Georg Hetzelein
zwischen 1982 und 2001
von Joseph Heiling

Dokumentation der Malbriefe
(bearbeitet, transkribiert und mit Hinweisen versehen
von Joseph Heiling)

Malbriefe an Joseph Heiling — Seite 12
H 1 bis H 11

Malbriefe an das befreundete Ehepaar Hans und Luise Arnold, — Seite 28
Worzeldorf
A 1 bis A 16

Malbriefe an Franz Kornbacher, Abenberg — Seite 46
Ko 1 bis Ko 12

Malbriefe an Marieluise Fleißer, Ingolstadt — Seite 60
F 1 bis F 6

Malbriefe an Oswald Heimbücher, Mitbegründer und — Seite 68
ehemaliger Leiter des Literaturarchivs Sulzbach-Rosenberg
Lit 1 bis Lit 6

Inhalt

Malbriefe, die durch das Engagement Seite 76
der Hetzelein-Nachlassverwalterin Dr. Elisabet Rüfer, Altdorf,
zur Verfügung gestellt wurden:

    Malbriefe an die Roßtaler Lehrerin Else Zintl Seite 77
    Rü-Kö 1 bis Rü-Kö 4

    Malbrief an den Verleger Karl Borromäus Glock, Heroldsberg Seite 81
    Rü-Gl 1

    Malbrief an den Regierungsdirektor Karl Heinz Hofbeck, Seite 82
    Schwabach
    Rü-Ho 1

    Malbriefe an Prof. Dr. Wolfgang Buhl, Seite 83
    Studioleiter des Bayerischen Rundfunks
    Rü-BR 1 bis Rü-BR 4

    Malbriefe an den Galeristen Heinz Meier von der Galerie Seite 87
    mit der blauen Tür, Erlangen/Nürnberg
    Rü-Ga 1 bis Rü-Ga 2

Malbrief an den damaligen 1. Bürgermeister Karlheinz Walter, Seite 90
Abenberg
Wa 1

Malbrief an Altbürgermeister Richard Biegler, Abenberg Seite 92
B 1

Malbriefe an den damaligen Kulturamtsleiter Seite 94
Reinhard Wechsler, Landratsamt Roth
W 1 bis W 40

Malbriefe an Marlene Lobenwein, Roth Seite 142
L 1 bis L 19

*Liebe Leserinnen,
liebe Leser,*

Herbert Eckstein
Landrat

„Wer geneigt, oder überzeugt, dass man immer weiser wird, der irrt" – Menschenkenntnis, (Selbst-)Ironie und eine ausgeprägte Liebe zu seiner Heimat und seinen Mitmenschen zeichneten den Regelsbacher Künstler Georg Hetzelein besonders aus. Diese herausragenden Eigenschaften treten nicht nur bei seinen international geachteten Zeichnungen und Aquarellen, sondern vor allem bei seinen humorvollen Malbriefen anschaulich in Erscheinung.

Ob Terminanfragen oder Dankesschreiben zu Geburtstagsgratulationen – das oben genannte Zitat stammt aus einem Dankesbrief zu seinem 70. Geburtstag –, ob Antwortpost zu heimatkundlichen Themen oder die Kontaktaufnahme mit Freunden, gerne spickte Georg Hetzelein seine Korrespondenz mit Zeichnungen, die stets mehr aussagten als jeder seitenlange Brief. Kein Wunder also, dass viele Briefpartner die Malbriefe noch heute wie wahre Schätze hüten!

Der Familienstiftung Heiling, Abenberg, unter Federführung von Joseph Heiling ist es zu verdanken, dass eine große Anzahl dieser Malbriefe mit verschiedenen Adressaten zusammengetragen, katalogisiert und transkribiert wurden. 2010 ehrte die Familienstiftung Hetzeleins Wirken in der Region mit einer Kunstausstellung der Malbriefe im Heimathaus Abenberg. Dort entstand die Idee, die Briefe in einem Buch zu bündeln und der Öffentlichkeit dauerhaft zugänglich zu machen.

Das vorliegende Buch, das mit freundlicher Unterstützung der Sparkassenstiftung Roth-Schwabach entstanden ist, dokumentiert vor allem den Privatmann Georg Hetzelein, wie er in Wort und Bild mit seinen Mitmenschen in Kontakt getreten und geblieben ist. Wer den Band durchblättert, erfährt von Hetzeleins heimatkundlichen Arbeiten und seiner Beziehung zur Ingolstädter Schriftstellerin Marieluise Fleißer sowie seiner späteren Frau Maria, von geplanten Ausflügen und seinem publizistischen Schaffen.

Ich lade Sie herzlich ein, auf diese besondere Weise einen anregenden, interessanten Menschen kennenzulernen, der mit seinem Wissen, seinem Humor und seiner Herzlichkeit ein großer Gewinn für seine Zeitgenossen und für seine Heimat war und noch heute, über ein Jahrzehnt nach seinem Tod, ist.

Joseph Heiling
Familienstiftung Heiling

Die Familienstiftung Heiling konzentrierte sich in der Kunstausstellung vom 29. Oktober bis 28. November – mit Verlängerung bis 15. Dezember 2010 – auf die Bild-, Zeichen- oder Malbriefe des Künstlers Georg Hetzelein, der von 1934 bis zu seinem Tode 2001 in Regelsbach bei Schwabach gewohnt hat und dort beruflich als Lehrer tätig war.

Als Grundlage zur Ausstellung dienten die in der Stiftung bereits vorhandenen Malbriefe, die Georg Hetzelein an mich gerichtet hatte. Auslösender Faktor zur Ausstellungsidee bildete die Überlassung von Hetzelein-Malbriefen als Dauerleihgabe durch die Wendelsteiner Arztfamilie Dr. Rainer Ruthrof an die Stiftung im Jahr 2009. Mit der Zusage von Franz Kornbacher, Abenberg, seine von Hetzelein erhaltenen Malbriefe mit einzubringen, war nun eine Ausstellungsgrundlage geschaffen, die mit weiteren Leihgaben ergänzt werden konnte.

Mit der großzügigen Bereitschaft von Reinhard Wechsler, Heideck, und von Marlene Lobenwein, Roth, ihre Hetzelein-Malbriefe zur Verfügung zu stellen, ergab sich eine zuverlässige Größenordnung. Um an die in die Literaturgeschichte bereits eingegangene Beziehung Georg Hetzeleins mit der Ingolstädter Schriftstellerin Marieluise Fleißer zu erinnern, steuerten das Stadtmuseum Ingolstadt mit dem Marieluise-Fleißer-Archiv und das Literaturarchiv Sulzbach-Rosenberg einige Blätter bei. Interessante Belege von Hetzeleins Malbriefkorrespondenz konnten durch die engagierte Mithilfe von Dr. Elisabeth Rüfer, Altdorf, gezeigt werden (aus Privatbesitz Köln, Verleger K.B. Glock, Regierungsdirektor Hofbeck, Dr. W. Buhl, Bayerischer Rundfunk und von Galerist Heinz Meier, Nürnberg). Abgerundet wurde das vorhandene Ausstellungsspektrum mit den Malbriefen, die von den beiden Abenberger Altbürgermeistern Richard Biegler und Karlheinz Walter vorlagen.

Ein herzlicher Dank geht deshalb an alle Leihgeber für die Bereitstellung der Malbriefe zur Ausstellung sowie zur Buchdokumentation. Vielen Dank auch den Abenberger Fotofreunden für die Überlassung der Präsentationsrahmen.

Bei der Ausstellungseröffnung am Freitag, 29. Oktober 2010, kam von Landrat Herbert Eckstein die Anregung, mithilfe der Sparkassenstiftung Roth-Schwabach diese besondere Ausstellung von Malbriefen Georg Hetzeleins in einer Buchdokumentation festzuhalten und der interessierten Öffentlichkeit anzubieten. Gerne wurde der Vorschlag des Landrats aufgegriffen, um diese Kunst Hetzeleins noch bekannter zu machen. Für die Realisierung dieser Buchdokumentation gebührt deshalb Landrat Herbert Eckstein und der Sparkassenstiftung Roth-Schwabach ein besonderer Dank.

Joseph Heiling

Georg Hetzelein
(1903 bis 2001)

Georg Hetzelein gehört zu den großen Persönlichkeiten aus dem Landkreis Roth. In Hofstetten bei Roth geboren, war er stets seiner Heimat eng verbunden. Einen besonderen Bezug hatte er auch zur Nachbarstadt Schwabach, die im Gedenken an ihn einer Straße seinen Namen gab. Sein vielfältiges Wirken strahlt weit über die Grenzen seiner Heimat hinaus.

Als Lehrer der „alten Schule" veröffentlichte er sein großes heimatkundliches Wissen in zahlreichen Werken, das so der Nachwelt erhalten blieb. Die im Eigenverlag des Landkreises Roth erschienenen Bücher über Burgen und Schlösser, Mühlen und Hämmer, einschließlich Furten, Brücken und Stege sowie das Kunstbrevier „Verachtet mir die Meister nicht" haben hohen bleibenden Wert. Vielfältig sind auch seine Beiträge zur Heimatgeschichte in den „Heimatkundlichen Streifzügen", in den Blättern für Geschichtsforschung und Heimatpflege des Schwabacher Tagblatts und im Mittelfränkischen Heimatbogen, der für viele Schüler in den früheren Jahren ein wertvoller Begleiter im heimatkundlichen Unterricht war. Seine schriftstellerische Tätigkeit beschränkte sich aber nicht nur auf die Heimat. Die literarischen Werke wurden vorwiegend vom Verlag Glock und Lutz, Nürnberg, herausgegeben. Georg Hetzelein lieferte auch für viele weitere Publikationen interessante Beiträge.

Wer einmal an einer seiner Führungen teilnahm, war begeistert. Ob es sonst unbekannte Kunstwerke in Kirchen, Schlössern und Burgen in der engeren Heimat waren oder die geschichtlichen Denkmäler Roms, die antiken Stätten Griechenlands oder Geschichte und Kultur der Ägypter – er gab seinen Begleitern mit seinem großen Wissen die wesentlichen Zusammenhänge weiter.

Sein Wirken als Maler machte ihn weit über Deutschland hinaus bekannt. In unzähligen Haushalten und Büros hängen seine Bilder. Zweimal konnte er im Rahmen der Kunstausstellung des Landkreises Roth seine Bilder zeigen. Eine Aufzählung seiner Ausstellungen in der Region und darüber hinaus würde zu weit führen. Bemerkenswert ist eine Ausstellung im Schloss Maretsch in Südtirol, wo unter dem Titel „Kunst im Krieg" seine Aquarelle und Zeichnungen gezeigt wurden.

Wenn Georg Hetzelein unterwegs war, waren Stift und Skizzenblock immer dabei. Mit seinem ihm typischen Malstil hat er seine Eindrücke von Natur, Landschaft, Gebäuden und Menschen festgehalten. So hat er auch mit seinen Illustrationen viele Veröffentlichungen bereichert.

Georg Hetzelein
im Jahr 1988

Seine Bildbriefe sind nicht nur aus dem Briefwechsel mit der Ingolstädter Schriftstellerin Marieluise Fleißer bekannt. Wer mit ihm zusammenarbeitete, konnte sich über Anfragen und Antworten in Bild erfreuen.

Wer das große Glück hatte, des Öfteren im Hause Hetzelein in Regelsbach Gast sein zu dürfen, der erlebte einen wunderbaren Menschen, der mit viel Humor und einem großen Wissen – und dennoch großer Bescheidenheit – gerne bei einer Tasse Tee über Gott und die Welt erzählte. Seine Gattin Maria hatte früher auch noch die Unterhaltung zu jedem Stichwort mit einem passenden Gedicht bereichert.

Seine heimatkundlichen Arbeiten, seine literarischen Werke und seine Kunst sind für die Nachwelt ebenso bleibend wie seine menschliche Nähe zu Leuten, denen er verbunden war.

Reinhard Wechsler

„Heimatkundliche Streifzüge",
die Schriftenreihe des Landkreises Roth, ...

Georg Hetzelein war seit dem ersten Erscheinen des Heftes „Heimatkundliche Streifzüge" im Dezember 1982 ein verlässlicher Autor und Künstler, der sich gerne in die Publikationsarbeit einbrachte. Ob es Aufsätze, Gedichte, Zeichnungen oder Hinweise auf seine Veröffentlichungen waren, der Name Hetzelein findet sich von 1982 bis 2001, seinem Todesjahr, in jeder Ausgabe – mit Ausnahme der Hefte 16/1997 und 17/1998.

Er war 79 Jahre alt, als die Schriftenreihe durch Landrat Dr. Helmut Hutzelmann ins Leben gerufen wurde. Ein Gedicht mit einer Zeichnung veröffentlichte er noch 97-jährig im Heft 19/2000. Erstaunlich seine Produktivität in einem Alter, in dem nur noch wenige eine derartige Energie aufbringen können.

Die nachfolgende Auflistung von Heft 1/1982 bis Heft 20/2001 bringt die Übersicht zu den einzelnen Beiträgen, die teilweise auch Gegenstand in seinen Malbriefen sind:

Heft 1/1982: Zeichnung von Kammerstein, S. 97, bei der ersten Buchbesprechung der Schriftenreihe von Joseph Heiling über das Buch „Kammerstein" von Heinrich Schlüpfinger.

Heft 2/1983: Hofstettener Erinnerungen: „Wo´s Dörflein dort zu Ende geht…" Volkstümliche Impressionen zum früheren dörflichen Leben und Wohnen, S. 29 bis 45, mit vier Zeichnungen aus den Jahren um 1920 und einem Grundriss M. 1:100 von Joseph Heiling nach einer Grundskizze von Georg Hetzelein (s. Malbriefe H 10 und H 11).

Heft 3/1984: Zeichnung „Der Minnesänger Wolfram von Eschenbach als Gast in der Dynastenburg", S. 17, zur Abhandlung von Franz Kornbacher: Burg Abenberg. Eine Festung mit wechselvoller Geschichte.

Heft 4/1985: Zeichnung der Burg Wernfels, S. 76, in der Buchbesprechung (S. 76/77) von Willi Ulsamer zu „Burgen und Schlösser im Landkreis Roth" von Georg Hetzelein, Roth 1984, 72 Seiten.

Heft 5/1986: Ein Schulort wird besichtigt, S. 25 bis 44, mit neun Zeichnungen. Eine Buchbesprechung (S. 76 und 77) zu „Mühlen und Hämmer im Landkreis Roth" von Georg Hetzelein, Roth 1985/86, 131 Seiten, enthält eine Zeichnung.

Heft 6/1987: Das Musterbuch eines Hauswebers, S. 22 bis 37, mit sechs Zeichnungen.

... im Hinblick auf Beiträge von Georg Hetzelein zwischen 1982 und 2001

Heft 7/1988: Mein Patendank, S. 56 bis 61, mit zwei Zeichnungen.

Heft 8/1989: Namenshinweis, S. 35, bei verwendeter Literatur.

Heft 9/1990: Ein Müllerleben, S. 54 bis 68, mit acht Zeichnungen (s. Malbrief W 22).

Heft 10/1991: Georg Hetzelein im Foto beim Erhalt des Stieranhängers von Landersdorf zusammen mit Fritz Schäff und Alfred Forstmeyer durch Landrat Dr. Helmut Hutzelmann im Jahr 1985 (s. Malbrief W 3).

Heft 11/1992: Buchbesprechung von Ernst Wurdak (S. 82 bis 85) „Verachtet mir die Meister nicht" von Georg Hetzelein, Herausgeber: Landkreis Roth, 136 Seiten.

Heft 12/1993: Botanische Exkursion nach „Liebien", S. 23/24, mit einer Zeichnung (s. Malbrief W 28).

Heft 13/1994: Plauderei über Höhlen und Minnesinger, S. 16 bis 22, mit einer Zeichnung.

Heft 14/1995: Regelsbach, 2 ½ Stund von der Stadt Nürnberg gelegen, S. 43 bis 50, mit zwei Zeichnungen.

Heft 15/1996: Düstere Weltschau eines Reformators, S. 4 bis 12, mit zwei Zeichnungen. Gut versteckt, S. 91, Gedicht (s. Malbrief W 29).

Heft 16/1997: /

Heft 17/1998: /

Heft 18/1999: Druidenstein, S. 14, Gedicht mit einer Zeichnung. Weitere Zeichnungen S. 59 Burg Hofberg, ehemaliges Wächterhaus, S. 78 Walpersdorfer Weihermühle.

Heft 19/2000: Mühlenstraße, S. 64, Gedicht mit einer Zeichnung.

Heft 20/2001: Auf S. 84 eine Zeichnung von 1961: Bergbauernhof mit der Wendelsteiner Georgskirche im Beitrag von Manfred Horndasch „Kunigunde Kreuzer, Hans Sachs' Frau".

Georg Hetzelein stirbt am Freitag, 21. Dezember 2001 in seinem Haus in Regelsbach.

Joseph Heiling

Malbriefe von Georg Hetzelein an Joseph Heiling

Die persönliche Verbindung zwischen Georg Hetzelein und mir entstand bereits 1965 mit dem Kauf eines Hetzelein-Aquarells von Abenberg. Das Bild war im Schaufenster eines Nürnberger Geschäftes ausgestellt, es wurde im Vorübergehen entdeckt und mit einer Anzahlung erworben. Die Restsumme ist nach Rechnungsstellung an die mit dem Verkauf beauftragte Buchhandlung etwas später überwiesen worden.

Georg Hetzelein nahm dies zum Anlass und unternahm mit seiner Gattin Maria einen Besuch bei uns in Abenberg. Er war der Meinung, dass durch die Zwischenschaltung eines Geschäftes ein höherer Kaufpreis entstand, den er durch Überlassung eines weiteren Aquarells ausgleichen wollte. Deshalb hatte er einige Bilder zur Auswahl mitgebracht. Das so ausgewählte Blatt gab er als Geschenk. Dies darf als Beispiel seiner zweifellos bei ihm vorhandenen Großzügigkeit herausgestellt werden.

Wie er bei diesem Besuch erzählte, war das in Nürnberg erworbene Bild bei einer Kunstausstellung der Stadt Erlangen in ihrer schwedischen Partnerstadt Eskilstuna der Öffentlichkeit bereits präsentiert worden. Heute ist es Teil der Kunstsammlung der Familienstiftung Heiling und kann im Archivraum der Stiftung im Heimathaus Abenberg betrachtet werden.

Der Kontakt zu Georg Hetzelein ging nie verloren. Immer wieder waren es Anlässe, die eine Verbindung zu ihm herstellten. Ob es der Kauf von Zeichnungen war, wie im Jahr 1968, bei dem er nach einem Anschreiben vom 16. Mai den ersten Malbrief am 22. Mai 1968 (Poststempel) nach Abenberg sandte, siehe Malbrief H 1, oder die Pflege des Weihnachts- und Neujahrskartenaustausches. Bei seiner Signierung im Buch „Furten, Stege und Brücken im Landkreis Roth" nahm er dies 1987 zum Anlass, umgangssprachlich zu schreiben: „Auf Karten von Heiling braucht man nicht lang warten."

Georg Hetzelein war ein vielseitiger, humorvoller Mensch mit bunten Facetten. Er liebte Geschichte, Kunst und Literatur, dazu gehörte auch der fränkische Dialekt. Neben seinem Lehrerberuf hätte er auch Kunsthistoriker werden können. Er war mit Franken verwurzelt. Gerne unternahm er in den Ferien über die fränkische Heimat hinaus kulturhistorische Reisen, meist in südliche Länder, die seiner Liebe zur europäischen Klassik entgegenkamen.

Joseph Heiling

H 1

Nach einem Anschreiben vom 16. Mai 1968, in dem u. a. die Überweisungssumme für erworbene Zeichnungen genannt wurde, kam die Antwort von Georg Hetzelein mit Malbrief vom 22. Mai 1968 (Poststempel) mit einem die Hände nach oben freudig jubelnden Hetzelein vor Burg und dem Haus Heilings damaliger Wohnung.

Vielen Dank
(auf der Aussichtsturmfahne)
für die Überweisung

H 2

Im Brief vom 16. Mai 1968 wurde auch erwähnt, dass Franz Kornbacher von Georg Hetzelein ein Aquarell seines Fachwerkhauses haben möchte, nachdem das erdgeschossige Haus durch einen zweigeschossigen Neubau ersetzt werden soll.

Leider war Hetzelein beim damaligen Besuch der Heilings in Regelsbach nicht zu Hause. Mit gleicher Post wie H 1 kommt der zweite Malbrief, auf den er deshalb schreibt:

Hoffentlich haben Sie beim Abholen diesmal mehr Antreffglück.

Auf der Staffelei:
Das Kornbacher Haus ist fertig.

H 3

Nach Terminnachfrage etwa um 1969 kommt ein Malbrief, der den wandernden Hetzelein in der Abenberger Landschaft zeigt, neben einem Bildstock, der Burg im Hintergrund und mit der Pfarrkirche St. Jakobus:

An den Samstagen bestimmt anzutreffen!

H 4

In einem Brief vom 20. Dezember 1971 werden Abenberger Interessenten am Kauf seiner Aquarelle und Zeichnungen erwähnt und die Frage gestellt, ob eine kleine Abenberger Auswahl vorliegt:

Da vernimmt man aus Abenberg
die Töne rühriger Verehrer der Kunst
mit Wohlgefallen

H 5

Antwort mit gleicher Post
wie H 4:

*und hofft, daß
sich schon noch
einiges Brauchbares
von Abenberg vor-
finden wird.*

H 6

Kurz notiert

Allerlei Hinweise

Georg Hetzelein: Konrad von Megenberg (76 Seiten mit 18 Textillustrationen des Autors; bibliophil gebunden; 8,80 Mark: Glock und Lutz Verlag Nürnberg); – In seiner nobel-freundlichen Reihe „Die fränkische Schatulle" bringt der Nürnberger Verleger Glock – rechtzeitig zum 666. Todestag im nächsten Jahr – ein Lebensbild des ersten deutschen Naturhistorikers Konrad von Megenberg. Konrad von Megenberg, der zur Zeit Ludwig des Bayern die erste umfassende Naturgeschichte in deutscher Sprache schrieb, wurde 1306 in Mäbenberg nahe Roth bei Nürnberg geboren und starb 1374 als Domherr in Regensburg. Hetzelein hat die Geschichte seines Lebens erzählt und illustriert, hat vor allem, und darin liegt der besondere Reiz des Büchleins, zahlreiche und umfängliche Zitate aus den Werken Megenbergs eingebaut. Ein ungewöhnlicher biographischer Beitrag über einen ungewöhnlichen Geist.

Nach einem Brief vom 22. Oktober 1973 mit einer nachträglichen Geburtstagsgratulation zum 18. Oktober 1973 (70 Jahre) und einer beigefügten Buchbesprechung im Bayernkurier zum Hetzelein-Büchlein „Konrad von Megenberg" erhält Joseph Heiling einen weiteren Malbrief.

Dieser zeigt eine Skizze von Abenberg mit Wegweiser nach Mäbenberg sowie einen Mann mit Ausschellglocke und Bayernkurier-Schärpe, der das Büchlein „Konrad von Megenberg" in der Hand hält.

Der übersandte Artikel aus dem Bayernkurier vom 13. Oktober 1973

H 6

H 7

DANKE zur Geburtstags-
gratulation LXX GH 73
(vervielfältigt):

Siebzig.
Das ergibt sich
ganz von selber,
wenn man nach 69 ein Jahr
älter.

Wer geneigt,
oder überzeugt, daß man
stetig weiser wird, der irrt.

Drum wär nötig –
falls das Schicksal erbötig –
ohne sonderliche Beschwer-
den noch etwas älter werden.

Und dies war auch der
Refrain aller Glückwünsche
für Georg Hetzelein

H 7

Siebzig.
Das ergibt sich
ganz von selber,
wenn man nach 69 ein Jahr älter.

Wer geneigt,
oder überzeugt,
daß man stetig weiser wird,
der irrt.

Drum wär nötig —
falls das Schicksal erhört —
ohne sonderliche Beschwerden
noch etwas älter werden.

Und dies war auch der Refrain
aller Glückwünsche für

Georg Gatzbauer

H 8

Dank nach Gratulation
zum 90. Geburtstag
am 18. Oktober 1993
(vervielfältigt):

90
18.X.93

Vielen Dank!
G Hetzelein

H 9

Zum neuen Jahr 1995
(vervielfältigt):

1994 ist bereits
umgelegt,
jetzt wird 1995
angesägt.
Wollen sehen,
was draus wird: –
hoffen wir das Beste, unbeirrt.

Malbriefe von Georg Hetzelein an Joseph Heiling im Zusammenhang mit der Herausgabe der „Heimatkundlichen Streifzüge", einer 1982 begonnenen Schriftenreihe des Landkreises Roth

H 10

Zu seinem ersten Artikel in den „Heimatkundlichen Streifzügen", der im Heft 2/1983 auf den Seiten 29 bis 45 abgedruckt wurde, kam mit einer im Brief vom 17. März 1983 angeforderten Grundriss-Skizze des Hauses Nr. 16 von Hofstetten bei Roth (sein Geburtshaus) ein Malbrief mit dem Text:

Seien Sie nur nicht erschreckt
ich bin kein Architekt.
Ob die Maßverhältnisse gerecht
ich jedenfalls nicht sagen möcht.

H 10

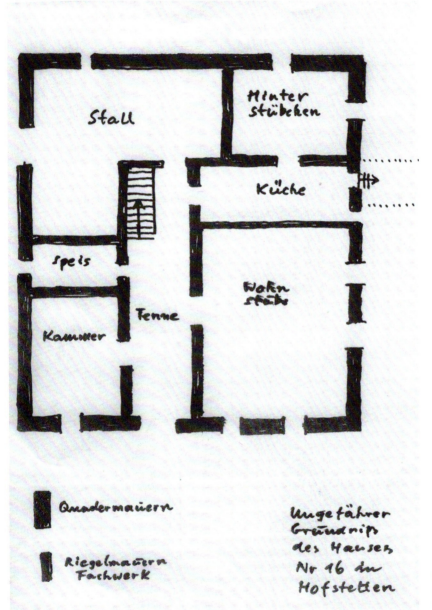

Die dem Malbrief beigefügte Grundriss-Skizze (hier verkleinert)

H 11

Nach dem Erscheinen von Heft 2 der „Heimatkundlichen Streifzüge" im Dezember 1983.

Am Christbaum:

HEIMAT
KUNDLICHE
STREIF
ZÜGE
LAND
KREIS
ROTH
Heft 2 1983

Die Weihnachtsüberraschung

Malbriefe an das befreundete Ehepaar Hans und Luise Arnold, Worzeldorf

Als Erben sind wir, die Arztfamilie Dr. Ruthrof aus Wendelstein, bewusst wie unbewusst in den Besitz der Malbriefe von Georg Hetzelein gekommen: Unbewusst, weil die Briefe und Weihnachtskarten von Georg Hetzelein nur ein Teil des umfangreichen „Erbes" waren, die uns unser Patient Hans Arnold aus Worzeldorf vermacht hat – und durchaus bewusst, weil Hans Arnold meinen Vater, Dr. Rainer Ruthrof, und mich als würdige Bewahrer seines Wissens und seiner Sammlung sah und uns deshalb bei seinem Tod 1996 seine „Schätze" vermachte, deren Wert – wie die Hetzeleinschen Briefe – sich manchmal erst Jahre später zu erkennen gab. Über die Freundschaft zwischen Georg Hetzelein und Hans Arnold zu schreiben gäbe deshalb wenig „Stoff", es sind „nur" die gemeinsamen Interessen von Hans Arnold und Georg Hetzelein, die uns heute vorsichtige Rückschlüsse erlauben.

Vielmehr ist es bei Hans Arnold sicher das große und lebenslange Interesse an der Heimat und ihrer oft nicht sofort erkennbaren spannenden Geschichte, das ihn vermutlich nach dem 2. Weltkrieg mit Georg Hetzelein zusammenbrachte, zumal die beiden Männer viele gemeinsame Interessen hatten und sich den erhaltenen Briefen zufolge bei ihren heimatkundlichen Ausflügen bis in den Weißenburger Raum und in den heutigen Landkreis Nürnberger Land sicher oft mit neuen Ideen beflügeln konnten. Georg Hetzeleins Briefe an Hans Arnold stammen fast alle aus den 1960er Jahren und in den 1970er Jahren setzte sich die Freundschaft in Form der jährlichen Weihnachtskarten fort. Die Sammlerleidenschaft von Hans Arnold ging sogar so weit, dass er bis ins hohe Alter jede gedruckte Zeichnung Hetzeleins und jeden seiner Artikel aus der Tageszeitung oder diversen Vereinszeitungen ausschnitt und mit Tagesdatum und Fundstelle vermerkte.

Hans Arnolds Leben ist trotz seiner vielen Talente und Interessen kurz erzählt und doch keine umfassende Beschreibung für sein „wandelndes historisches Gedächtnis" und seine ungewöhnliche heimatkundliche Auffassungsgabe, Alltägliches so rechtzeitig und detailliert zu erfassen und zu fotografieren, um es als Zeugnis heute längst vergessener Alltagskultur festzuhalten. Geboren wurde Hans Arnold am 27. Januar 1908 in Nürnberg und erlebte in den Jahren der

Weimarer Republik eine prägende Jugendzeit, bei der er zugleich in der „Bündischen Jugend" meinen

Großvater, Dr. Eugen Ruthrof, kennenlernte. Dies ebnete vermutlich auch nach 1945 die seitdem anhaltende Freundschaft von Hans Arnold zu unserer Familie, die bis in meine Jugend in den 1980er Jahren weiter gepflegt werden konnte und durfte – über drei Generationen hinweg!

1931/32 bauten seine Eltern ihr neues Haus am Fichtenweg (heute Habermannstraße) in Worzeldorf, das damals noch zum Bezirksamt bzw. späteren Landkreis Schwabach gehörte. Hans Arnold heiratete im März 1931 seine Freundin Luise Berger, das Ehepaar hatte keine Kinder. Beruflich war Hans Arnold bei der Post tätig, wurde bei Kriegsbeginn als Soldat eingezogen. Er überlebte den Krieg und begann nach 1945 wieder bei der Post in Nürnberg als Hauptpostschaffner.

Dem großen Interesse an der Heimatgeschichte und der Archäologie gingen er und seine „Luis" in der „Naturhistorischen Gesellschaft" in Nürnberg und bei deren Ausgrabungen gern nach und Hans Arnolds Foto- und Dia-Nachlass aus der Zeit ab 1949 bis etwa 1970 zeigt sein waches Auge an den schleichenden Veränderungen speziell in den Jahren der „Wirtschaftswunderzeit": Ob Grenzsteine, Sandsteinhöhlen, Bodendenkmäler oder Menschen bei ihrer – damals noch – typischen Arbeit, die Fotos und Dias zeigen eine heute weitgehend verschwundene und zerstörte Kulturlandschaft. Seine „Luis" verließ ihn für immer im November 1985, Hans Arnold selbst starb am 18. Februar 1996 in Nürnberg.

Jörg Ruthrof M.A.

A 1

Vor seinem Tod vermachte Hans Arnold seinem Arzt Dr. Rainer Ruthrof, Wendelstein, ein Konvolut von Hetzelein-Unterlagen. Die darin vorhandenen Malbriefe überließ Dr. Ruthrof der Familienstiftung Heiling als Dauerleihgabe.
16 Exemplare werden vorgestellt.

Januar 1966:

„Und bin ich auch ein –
Holzklotz nur –
treuem Gedenken bahn ich die Spur."

A 2

Januar 1966
Einladung
an die Arnolds:

und wenn die zwei
andern Worzeldorfer-Könige
wieder mopedeln können
möchten Sie doch wieder
einmal
nach Regelsbach rennen...

A3

Zur Sulzkirchener Hetzelein-Grab-Entdeckung der Arnolds:

*Da legst dich
nieder –
da sieht mans
wieder
daß man <u>nichts weiß</u> –
wenn in Sulzkirchen
Hetzeleins begraben
liegen.*

*Da ist das Beste, wir fahren
<u>zusammen</u> einmal hin –
vielleicht daß ich gar ein
Nach-fahre
bin...*

A 4

Mit Hetzeleins Wagen
SC HT 67 auf Tour:

Es best werd sei
mir lodn Ihnan widda amal ei
und foarn dahinta in die Pfalz
mit Ihnan, falls
Sie widda amoln soung –
des is fei net dalung...

A 5

Hetzeleins sind nicht zu Hause:

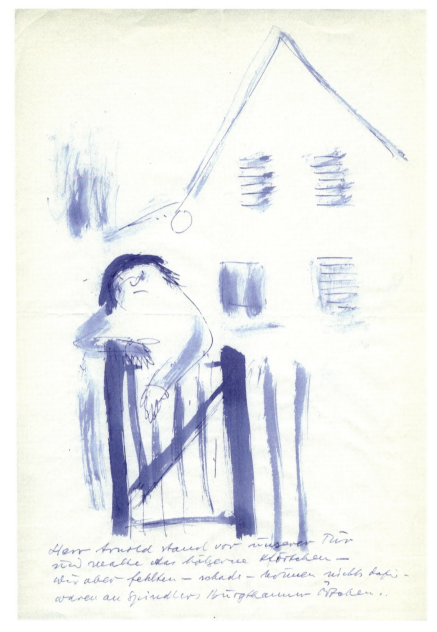

*Herr Arnold stand vor unserer Tür
und neckte das hölzerne Pförtchen –
wir aber fehlten – schade –
können nichts dafür –
waren an Spindlers*
[Lorenz Spindler, Nürnberger Verleger 1896 – 1969; Anm. d. Red.]
Burgthanner Örtchen..

A 6

Fortsetzung des vorher-
gehenden Malbriefs:

*Er hat sich doch dort ein
Sanssouci gekauft –
ein hübsches Häuschen im
Grund bei der Mühle –
wo er nun manches Wochen-
ende verschnauft –
und wir ihn besuchten –
drum kamen Sie nicht zum
Ziele!*

A 7

Zum 1. Januar 1970:

*Die zwei heiligen Dreikönig
mit ihrigem Stern,
die überraschen uns immer
recht gern;
Bloß sollten sie, wie die
echtigen Weisen
viel kühner und öfter nach
Regelsbach reisen.*

A 8

Ein Malbrief ohne Beschriftung auf der Vorderseite.
Der handschriftliche Vermerk rückseitig erfolgte wahrscheinlich durch H. Arnold: „zum Weihnachtsfest 1972 und Jahreswechsel 1972/73".

Hetzelein spielt mit diesem Bild auf die große Leidenschaft der Arnolds an, die stets auf der Suche nach verschiedenen archäologischen und historischen Bodenfunden gewesen sind.

A 9

Eine ganz konkrete
Mitteilung der Hetzeleins
(Fortsetzung siehe
Malbrief A 10):

*Wenn es Ihnen
recht ist,
holen wir Sie
am Dienstag*
29. 6. [1976; Anm. d. Red.]
gegen
9 – ½10 Uhr

A 10

Fortsetzung zu Malbrief
A 9:

Zu einer Rundfahrt
um den HEsselberg in
Worzeldorf ab.
Wenn es paßt,
bitte zusagende
Postkarte bis Montag.

A 11

(Fortsetzung siehe Malbrief A 12):

**Wir haben gefunden
was freundlicherweise an den
Türdrücker gebunden –**

A 12

(Fortsetzung zu Malbrief A 11):

Zeichnungsblatt oben: Hetzelein erläutert Nürnberg. Erkennbar sind die Elisabethkirche und die Jakobskirche. Zeichnungsblatt unten: Ein gedeckter Kaffeetisch mit Tischbeinen in H-Form für Hetzelein und eine Kanne mit vier Tassen.

An der Unterkante der Tischdecke:

Wie schade!!

und während wir Anderen Nürnberg gezeigt vergebens Familie Arnold um unsere Hütte schleicht

A 13

Ausflugsresümee:

So nah dem Lande
und so selten gesehn –
Es ist eine Schande –
Das war nicht schön –
Aber man hat ja so viel Geschäfte
und „das zehrt an die Kräfte",
das frißt an der Zeit
o, wir armen Leut!

A 14

Rundfahrtankündigung:

DIENSTAG
1. SEPT. 1981
1 Uhr (13)

werden Sie und Ihre Frau in Worzeldorf zu einer kleinen Rundfahrt abgeholt, halten Sie sich bereit. Und bestellen Sie schönes Wetter!

A 15

Zum Tod von Luise Arnold 1985:

Der Heimgang Ihrer guten Frau
ist uns entgangen, weil wir um
diese Zeit in Gögging weilten,
da meine Frau dort Linderung
ihrer Gehbeschwerden erwartete,
an denen sie nach 2 Schlaganfällen
sehr leidet.

A 16

Seit meine Frau nicht mehr
laufen kann, sind wir auch
ans
Haus gebunden. In der Stube
auf und ab ist unser ganzer
Spazierweg.

Malbriefe von Georg Hetzelein
an Franz Kornbacher, Abenberg

Es war im heißen Dürre- und Hungerjahr 1947 auf dem Heimweg von der Mildacher Mühle, als ich am Waldsaum vor Abenberg einen mir fremden Mann, auf einem Klappstühlchen sitzend, beim Zeichnen sah. Neugierig, wie Kinder so sind, schaute ich ihm über die Schulter und betrachtete das auf dem Zeichenblatt markant konturierte Motiv: zwischen dunklen Kiefern die Burg Abenberg von Norden.

Zwei Jahrzehnte später wusste ich wohl, dass damals dieser Maler kein anderer als Georg Hetzelein war. Dies nicht nur über die Veröffentlichungen und Skizzen in den Schwabacher-Tagblatt-Heimatbeilagen und die Ulsamer-Dokumentation „100 Jahre Landkreis Schwabach", sondern auch durch privates Kennenlernen des „Künstler-Lehrers".

Die Kontakte verstärkten sich: zuerst durch eine Hetzelein-Federzeichnung als Hochzeitsgeschenk, dann durch ein Aquarell des früheren Elternhauses und durch die sich ab den 60er Jahren bildende Hetzelein-Bildergalerie im Abenberger Rathaus.

Über meine Tätigkeit bei der Stadt, Volkshochschulbetreuung, 900-Jahrfeier von Abenberg 1971 und bei immer neuen Burg-Aktivitäten, besonders über den Heimatverein und vor allem aufgrund der Malbriefe aus diesen Jahren, wuchs eine sichtbare Wertschätzung zum Künstler in Regelsbach, die weit über die beruflichen und heimatpflegerischen Wege hinausführte. Bei all dem konnte man die Zuneigung des Künstlers zu „seiner" Burgstadt gleichsam spüren.

Franz Kornbacher

Ko 1

Erwiderung 1968 auf die
Anfrage zum Fachwerk
des Elternhauses von
Franz Kornbacher:

Über das Alter Ihres
Fachwerkhauses können
Sie sich gut informieren
in dem Aufsatz (der ganz neu
erschienen ist)
„Der Nürnberger Fachwerk-
bau"
von Erich Mulzer
in „Nürnberger Mitteilungen
55/1967-68"
der in der Stadtbibliothek
leicht greifbar
ist, d.h. ausgeliehen werden
kann.

Ko 2

Nach der Geburt von Tochter Agnes 1970. Eine Zeichnung mit der Darstellung der seligen Stilla von Abenberg, die am rechten Arm nicht ihre gestiftete Kirche trägt, wie sonst üblich, sondern die Burg Abenberg.

Ko 3

Zu einer Anregung Franz Kornbachers 1971, ein Büchlein über Abenberg zu machen.
Die gezeichnete Glocke mit den Buchstaben K.B.G im unteren Glockenbereich steht für den Verleger Karl Borromäus Glock,
geb. 27. Januar 1905 in Nürnberg,
gest. 3. November 1985 in Heroldsberg.

*Herr Verleger Glock
will natürlich nix riskieren
– –
vielleicht
außer er würde dabei profitieren –*

Ko 4

Ein Zeitungsartikel von Franz Kornbacher (ko) im Schwabacher Tagblatt vom Donnerstag, 7. Oktober 1971, in dem er ihn als „Herausstreicher" darstellt, brachte Georg Hetzelein auf die nachfolgende augenzwinkernde Malbrief-Reaktion:

Warten Sie nur, wenn Sie mich so
herausstreichen, wird es sich an
den Bilderpreisen bemerkbar machen!

Ko 4

Nr. 233 / Donnerstag, 7. Oktober 1971

Abenberg bietet den Künstlern reizvolle Motive

Immer wieder kommen Maler in die Burgstadt — Schon Wilhelm Busch war hier zu Gast — Im Mittelpunkt stand stets die Burg

ABENBERG (ko) — Nicht nur zur Zeit der Romantik im vorigen Jahrhundert war Abenberg das Ziel der Maler und Künstler. Die alte Rangauburg erlebte nach der ersten Blütezeit mit den Burggrafen in der Hohenstaufenepoche, danach unter dem Burgherrn und berühmten Kammersänger Anton Schott, erne ein glänzendes Zeitalter. Wilhelm Busch w. neben vielen anderen Künstlern seiner Zeit Gast auf der Burg Abenberg.

Die Bilder und Stiche von Bergmann, Trost dem Älteren, Trost dem Jüngeren, Leidinger, Lohr und Schott sind wertvolle Dokumente aus dieser Zeit. In unseren Tagen finden die vielfältigen romantischen Motive der Burg-Klosterstadt neue Beachtung. Georg Hetzelein aus Regelsbach, der die fränkische Landschaft und ihre Atmosphäre so treffend darzustellen vermag, ist gleichsam seit Jahrzehnten in Abenberg in seinem künstlerischen Element. Im Rathaus hängt von ihm eine kleine Galerie von Federzeichnungen und Aquarellen Abenbergs und der Schwabacher Landschaft.

Nun hat ein Berliner Künstler schon fast ein Vierteljahr sein Maler-Domizil in Abenberg aufgeschlagen. Max Göldner zaubert trotz seiner 82 Jahre mit rastloser Schaffenskraft Bild um Bild von Burg, Kirchen, Toren, Türmen und der Landschaft. Und die Abenberger und auch die Urlaubsgäste haben Gefallen an den reizvollen Aquarellen gefunden.

Nun hat sich neuerdings auch eine Malerin eingefunden. Frau Alice Willems aus Köln hat ihre Arbeit in der Stadt Abenberg begonnen und will nun vor allem im nächsten Jahr, wo ja im Rahmen der 900-Jahr-Feier eine Ausstellung „Künstler sehen Abenberg" vorgesehen ist, noch weitere Werke schaffen.

Franz Kornbachers
Zeitungsartikel
im Schwabacher Tagblatt
vom 7. Oktober 1971

Ko 5

Nach Erscheinen des Sonderprospektes zu 900 Jahre Abenberg 1971 im „Schwabacher Tagblatt":

*Gratuliere zu
dem wohlgelungenen
Sonderprospekt
900 Jahre Abenberg
im „Schwabacher Tagblatt"*

Ko 6

Überlegungen zu Abenberg-Veröffentlichungen 1971/72:

Nun hätte ich ja einen Nagel gefunden wie man „Abenberg" aufhängen könnte – wenns nicht gerade eilt!

Ko 7

Antwort 1972 nach Zusendung von Prospekten und des Sparkassenkalenders 1973:

900
Dank

*für Kalender
und Prospekte*

*Sie, Herr Kornbacher
sammeln aber selbst
doch recht nette Ähren auf den
Abenberger Fluren.*

Ko 8

Zu Überlegungen über
Aktivitäten und Veröffentlichungen zur 900-Jahr-
feier Abenbergs 1971/72:

Herr Gymnasialprofessor
Dr. Willi Ulsamer
Schwabach Jahnstraße 5
würde am ersten dazu
raten können, denke ich

Ko 9

Nach einer Anfrage über Unterlagen zu dem aus Abenberg stammenden Abt Menger vom Kloster Kastl, Oberpfalz:

Verzeihen Sie die Verzögerung
Eben von einer kleinen Reise zurückgekehrt
finde ich Ihre Anfrage –
aber ich habe noch _nie_ was über Abt Menger veröffentlicht, und deshalb auch leider kein Material zur Hand.

Ko 10

Zum Tod der Mutter von Franz Kornbacher. Franziska Kornbacher, geb. 30. Oktober 1892, starb kurz vor Weihnachten am 22. Dezember 1973:

RIP

Ko 11

Mitteilung vom 2. Februar 1974 mit Terminkonkretisierung für einen Vortrag über Kreta mit Honorarbenennung:

HONORAR
50 DM

Also springen wir
am Donnerstag
14. Febr. 1974 15:00 Uhr
vom Altenheim
St. Josef Abenberg
nach
„Kreta"

Ko 12

Bei Franz Kornbacher
eingegangen am
25. September 1974:

Vielen Dank für die
übersandten Prospekte,
vorzüglich!
Für den Vortrag, glaube ich,
waren 50 DM ausgemacht.
Herzliche Grüße!
Ihr
GHetzelein

Malbriefe von Georg Hetzelein an Marieluise Fleißer, Ingolstadt, zur Verfügung gestellt vom Stadtmuseum Ingolstadt, Marieluise-Fleißer-Archiv

An die Beziehung zwischen der Dichterin Marieluise Fleißer und Georg Hetzelein, die 1934 begann und Anfang 1935 endete, soll anhand einiger Malbriefe Hetzeleins erinnert werden.

F 1

Der Umzug Georg Hetzeleins von Sinbronn bei Dinkelsbühl nach Regelsbach bei Schwabach zeigt der Malbrief an Marieluise Fleißer etwa Mitte 1934:

Sinbronn
(durchgestrichen)
Ich ziehe um!
<u>*Regelsbach*</u>
bei Schwabach

F 2

Georg Hetzelein träumt
von Marieluise Fleißer,
die am offenen Fenster
vorbeischwebt.

F 2

F 3

Schwierigkeiten in der Beziehung zeichnen sich ab:

Wer glaubt, das Schicksal griffe ein,
der dürfte wohl im Irrtum sein!

F 4

Georg Hetzelein, schon eingefangen im Käfig von seiner späteren Frau Maria Hirscheider. Marieluise Fleißer bietet ihm ihr Herz.

Sie schreibt selbst dazu: „Er sitzt bewacht von seiner dulcinea in einem Käfig, während die Waldfrau ihm aus einem Korb voll süßer Herzen lockend ein Herz entgegenhält."

F 5

Georg Hetzelein im Käfig schenkt sein Herz seiner künftigen Frau Maria Hirscheider. Er verschmäht das Angebot der „Waldfrau" (Marieluise Fleißer).

Sie schreibt dazu: „Er ist vor Gier fast krank. Sie sieht erzürnt in ihrem Zauberspiegel, dass er der dulcinea ein Stück des Herzens zum Kosten hinüberreicht, während er selbst isst"

F 6

Der Malbrief zeigt, Georg Hetzelein hat Maria Hirscheider in sein Boot genommen und die schwierigen Klippen mit der lockenden Loreley (Fleißer) im Hintergrund zurückgelassen. Er fährt mit vollen Segeln ins Jahr 1935:

Was uns ein Berg, der
nicht zu überwinden, ein
Stern mit schauerlichen
Feuergründen
gewesen,
ward, so wie vom
Zeitenstrom hinweg-
geführt, ein Punkt, der
kaum das Auge rührt.
Wir lesen,
und wir wissen es bestimmt,
daß Furcht vor Nähe
das winzige Dasein, das
Unendlichkeit noch nimmt
der Dinge wahres Wesen!
Nur wer vermag in immer
uferlosen Schweifen, der
Dinge und Geschehen Wucht
und Nichtigkeiten zu be-
greifen, wird genesen!
       1935

Malbriefe von Georg Hetzelein an Oswald Heimbucher, Mitbegründer und ehemaliger Leiter des Literaturarchivs Sulzbach-Rosenberg

Lit 1

Die Hetzeleins bieten die Fleißerbriefe dem Literaturarchiv Sulzbach-Rosenberg an (Eingang dort Febr./März 1987):

Haben Sie in Ihrem Literaturarchiv Interesse an einigen Briefen und Kurzgeschichten der Marieluise Fleißer aus Ingolstadt?

Abs: Georg und Maria Hetzelein
8541 Regelsbach
Stadtweg 5

Lit 2

Im Literaturarchiv
eingegangen
am 22. März 1988:

Leider besitze ich
kein einziges
Foto von Marieluise Fleißer.
Ich würde solche
Ihnen gerne überlassen
haben.
Mit besten Grüßen!
Maria und Georg Hetzelein

Lit 3

Malbriefe (Lit 3 und Lit 4) im Literaturarchiv eingegangen am 5. August 1988 im Hinblick auf die Ausstellungseröffnung „Marieluise Fleißer" am 4. Juli 1988 im Literaturarchiv Sulzbach-Rosenberg:

„Ihr naht euch wieder,
schwankende Gestalten
die früh sich einst dem trüben
Blick gezeigt?"

Lit 4

Hetzelein würdigt die Ausstellung:

Mit großem Geschick und liebevoller Eindringlichkeit haben Sie aus Bruchstücken und Zufälligkeitsfunden ein schönes Denkmal für Frau M. Fleißer zusammengebaut. Vielen Dank!

Lit 5

Am 9. November 1989
im Literaturarchiv
eingegangen:

Außer den Briefen
der MLF habe ich
für Ihr Archiv leider
nichts zu bieten,
danke aber sehr für
Ihr freundliches
Gedenken!

Maria und Georg
Hetzelein.

Lit 6

Eingang im Literaturarchiv am 2. März 1991:

*Meine Frau im Rollstuhl
seit einem Jahr*

Malbriefe von Georg Hetzelein, die durch das Engagement der Hetzelein-Nachlassverwalterin Dr. Elisabeth Rüfer, Altdorf, zur Verfügung gestellt wurden

Dieser Abschnitt enthält unter anderem Malbriefe, die an die mit dem Ehepaar Hetzelein befreundete Roßtaler Lehrerin Else Zintl um 1950 geschickt wurden (Rü-Kö 1 bis Rü-Kö 4). Die Malbriefe stammen aus Privatbesitz Köln.

Die weiteren Malbriefe sind gerichtet an den Heroldsberger Verleger Karl Borromäus Glock (Rü-Gl 1), an den Regierungsdirektor Karl Heinz Hofbeck aus Schwabach (Rü-Ho 1), an Prof. Dr. Wolfgang Buhl, Studioleiter des Bayerischen Rundfunks, Studio Franken von 1978 bis 1990 (Rü-BR 1 bis Rü-BR 2; zur Verfügung gestellt vom historischen Archiv des Bayerischen Rundfunks, Studio Franken) sowie an Hetzeleins Galeristen Heinz Meier von der Galerie mit der blauen Tür, Erlangen-Nürnberg, (Rü-Ga 1 und Rü-Ga 2).

Rü-Kö 1

Einladung zur Silvester/Neujahr-Feier ins Haus Hetzelein nach Regelsbach:

*Prosit
Neujahr!
Silvester besonders
empfehlenswert*

*wegen
Überfüllung
gesperrt*
(durchgestrichen)

*und wenns Häuschen so voll wär
für Sie ist zwischen Weihnachten u.
Neujahr noch immer ein Plätzchen
leer!*

Rü-Kö 2

Schulbeginn:

Ab 15. August rollt wieder der Schulkarren in Regelsbach
Also!.....
......

Rü-Kö 3

Hetzelein zieht mit aller Kraft den Regelsbacher Schulkarren:

Unser
Schulkarren
rollt –
wir haben
gedacht, Sie
haben kommen
gewollt?

Rü-Kö 4

Einladung nach Regelsbach:

WO VERBRINGE ICH
MEIN WOCHENENDE?
in
Regelsbach
idyllische Lage im Zwieseltal
ff. Küche –
Zimmer zentralgeheizt –
bei längerem Aufenthalt
Familienanschluß zugesichert.
Kein Radio – handgemachte
Musik. Persönliche Abholung
am Bahnhof. Postkarte
genügt!
Dauernd wechselnde
Kunstausstellungen

ROSZTAL
WEG-
BRÜCKE

Rü-Gl 1

Malbrief Hetzeleins an den Freund und Verleger Karl Borromäus Glock (Verleger, geb. 27. Januar 1905 in Nürnberg, gest. 3. November 1985 in Heroldsberg) zum Geburtstag 1982. Im Hintergrund des Bildbriefes wird das gelbe Schloss in Heroldsberg angedeutet, das Glock 1956 erwarb.

*Mit Orden reich behängt
ER jetzt ins sechsund-
siebenzigste drängt.
Wir hoffen, daß ihm noch
viele Jahr' geschenkt
wo er verlegt, schreibt,
spricht und denkt!*

Rü-Ho 1

Dank an Regierungsdirektor Karl Heinz Hofbeck, Schwabach, der Hetzelein für den Wolfram-von-Eschenbach-Preis vorschlug:

Herrn Regierungsdirektor Karl Heinz Hofbeck schönsten Dank für die wohlwollende Empfehlung.

Rü-BR 1

Ein für den Rundfunk erarbeiteter Beitrag über Henriette Feuerbach, die Mutter des Malers Anselm Feuerbach, brachte der Sender zum Muttertag am 8. Mai 1977.

Hetzelein klopft an die Tür bei BR Dr. W. Buhl:

Darf ich fragen, ob Sie mir wohl die „Henriette Feuerbach",
die Mutter des Malers Anselm Feuerbach abnehmen könnten?

Rü-BR 2

Hetzelein bedankt sich für die Zusage, den Beitrag über Henriette Feuerbach am 8. Mai 1977, 12.05 Uhr, zu senden:

VIELEN DANK!

Rü-BR 3

Vielen Dank für die schöne Aufmachung
der Rundfunksendung über
„Henriette Feuerbach"

Rü-BR 4

Dank für die Zusage für eine Sendung über die „Feuerbachs":

Schönen Dank, daß ich die „Feuerbachleute" im Rundfunk servieren darf.

Rü-Ga 1

Nach Terminnachfrage:

Sehr willkommen!
(am Putz- und Fegtag)
Mittwoch 21. XI 1979.

Rü-Ga 2

Der Galerist Heinz Meier hebt Hetzelein auf den Schild:

Vielen DANK!

**Malbrief von Georg Hetzelein
an den damaligen 1. Bürgermeister
Karlheinz Walter, Abenberg**

Wa 1

Zu Weihnachten 1985,
im Hinblick auf die große
Sanierungslast der Burg
Abenberg:

... ein bißchen noch die
Burgenlast
zu anderen Lasten tragen.

**Malbrief von Georg Hetzelein
an Altbürgermeister Richard Biegler,
Abenberg**

B 1

Gratulation zum
60. Geburtstag
am 4. Juli 1988:

60
Mit guten Wünschen.
Maria u. Georg
Hetzelein

Malbriefe von Georg Hetzelein an den damaligen Kulturamtsleiter Reinhard Wechsler, Landratsamt Roth

Ich war 27 Jahre im Landkreis Roth für die Bereiche Tourismus, Kultur und Kreisgeschichte zuständig. Ich organisierte mit Georg Hetzelein Kunstausstellungen, literarische Lesungen und heimatkundliche Führungen.

Als Verantwortlicher für die Schriftenreihe „Heimatkundliche Streifzüge" freute ich mich über jeden Beitrag von Georg Hetzelein, Kenner der Heimat. So entstand auch eine Idee für die vom Landkreis Roth herausgegebenen Bücher „Burgen und Schlösser", „Mühlen und Hämmer", „Furten, Stege und Brücken" und dem Kunstbrevier „Verachtet mir die Meister nicht!". Zur Zeit der touristischen Anfänge durch den Landkreis in den frühen 80er Jahren war es Georg Hetzelein, der die ersten Informationsbroschüren illustrierte.

Nachdem Georg Hetzelein aus Altersgründen (mit 92 Jahren) seinen Führerschein abgegeben hatte, war ich es, der ihn zu den gewünschten Malterminen in der näheren Heimat chauffierte.

Reinhard Wechsler

W 1

Zur Ausstellung Georg Hetzeleins in der Rother Berufsschule „Unsere Landschaft – der Landkreis Roth in Bildern" vom 28. November bis 7. Dezember 1980:

Herrn Landrat
Dr. Helmut Hutzelmann
herzlichen Dank
mir die Ausstellung
„Unsere Landschaft"
ermöglicht
zu haben
G. Hetzelein

W 2

Malbriefergänzung zur
Ausstellung:

Der Anklang
und Erfolg war
sehr überraschend
für mich.

GH 80

W 3

Der Landkreis Roth zeichnet seit 1985 jährlich Persönlichkeiten mit einer Nachbildung eines bei Landersdorf gefundenen keltischen Stieranhängers aus, die sich um die Heimatkunde besonders verdient gemacht haben.

Zu den ersten Preisträgern gehörte auch Georg Hetzelein. Zu seiner Auszeichnung schrieb er:

Nicht der übliche Schmuckteller aus Zinn,
nicht ein Buch mit verwirrenden Zeichen,
sondern ein köstlicher Einfall, ohne gleichen.
Ein bronzezeitliches Stierpärchen im wohlgezimmerten Holzställchen dazu.

SCHÖNEN DANK
FÜR DAS RIESENSPIEL-
ZEUG
Ihr
Georg Hetzelein

**Malbriefe von Georg Hetzelein an Reinhard Wechsler
im Zusammenhang mit der Herausgabe der Bücher
„Burgen und Schlösser" (1985),
„Mühlen und Hämmer" (1986),
„Furten, Stege und Brücken" (1987),
„Verachtet mir die Meister nicht" (1992).**

W 4

Zur Herausgabe des Buches „Burgen und Schlösser" im Hinblick auf die Manuskriptabgabe:

Es *ist so wie
so wieder
einmal
höchste
Zeit
mit
letzten
Korrekturen das Manuskript
abzuliefern.*

W 5

Die Sorge Georg Hetzeleins, dass die Auflage von 3.000 Stück nicht abgesetzt werden kann, war unbegründet. Bald schon war ein Nachdruck erforderlich.

Burgen und
Schlösser
Burgen und
Schlösser
Burgen und
Schlösser

und ich möchte schon
erhoffen
Sie haben keine schlechte
Wahl
getroffen.

W 6

Der stets bescheidene Georg Hetzelein betrachtete es als eine große Ehre, dass der Landkreis Roth die Herausgabe und den Vertrieb des Buches übernahm. Deshalb schrieb er nach Fertigstellung:

Burgen und
Schlösser
im Landkreis Roth

Keine Burg im ganzen Land
Steht so hoch, wie die
Förderung
die Sie mir zuerkannt.

W 7

Zum Mühlenbuch:

Hoffentlich findet auch das
Mühlenbuch wieder
Ihr Wohlgefallen.

W 8

Georg Hetzelein sah die Herausgabe seiner Bücher als eine „erdrückende" Aufgabe für die Bediensteten des Landratsamtes:

MÜHLEN
MÜHEN

frdl. Grüße

W 9

Als der Termin für die Buchvorstellung nahte, musste bei Georg Hetzelein einige Male die Abgabe des Manuskriptes angemahnt werden. Zu diesem „landratsamtlichen Anschub" schrieb Hetzelein:

*Mühlen und Schlösser
nur so gehts besser!*

W 10

Hetzelein liefert die
fertigen Manuskripte an
den Landkreis Roth:

Für Herrn R. Wechsler

W 11

Ein eher seltenes Bild. Als sich die Herausgabe seines dritten Buches „Furten, Stege und Brücken" etwas verzögerte, wurde Georg Hetzelein ungeduldig. Der Malbrief zeigt den besorgten Georg Hetzelein und im Hintergrund die historische Aurachbrücke in Barthelmesaurach mit der Dorfkirche:

Haben Unwetter auch meine Furten, Stege und Brücken weggerissen?

(Textfortsetzung siehe W 12)

W 12

Textfortsetzung von W 11:

oder müssen sie den mangelnden Absatz
der „Mühlen und Hämmer"
büßen.

W 13

Nachdem der fleißige Zeitungsleser Georg Hetzelein einige Beiträge von Reinhard Wechsler in der Zeitung las und die Abholung des Manuskripts nicht zum gewünschten Zeitpunkt erfolgte, mahnte er an:

Für Herrn R. Wechsler
„dem rasenden Reporter"

R.W. versprachs
kam
aber
nicht

Furten
Stege und
Brücken

W 14

Nach der Buchfertigstellung zeigte sich Georg Hetzelein sehr zufrieden:

*Schönen Dank
weil über Stege und Brücken
geleitet.*

W 15

Die Techniker des Landratsamtes hatten die notwendigen Kartengrundlagen für das Mühlenbuch gezeichnet.

*Möchten Sie auch denen
vielen Dank sagen
die so schöne Karten machen*

W 16

Georg Hetzelein betrachtete es als eine große Ehre, dass der Landkreis Roth sein großes Wissen um die Heimat in drei Büchern festhielt und bedankte sich für die „Beweihräucherung" seiner Person und seiner Bücher:

Burgen und Schlösser
Mühlen und Hämmer
Furten Stege und Brücken
im LK Roth.

W 17

Bei einem Besuch von Georg Hetzelein hatte Reinhard Wechsler erwähnt, dass er für eine Woche zum Skifahren weg sei. Georg Hetzelein wollte natürlich wissen, wohin die Reise geht. Als er das Stichwort Wagrain hörte, kam er sofort auf einen der bekanntesten und meistgelesenen Autoren Österreichs, Karl Heinrich Waggerl, der von 1897 bis 1973 lebte und für lange Zeit in Wagrain beheimatet war. Er empfahl, sein Wohnhaus zu besuchen. Heute ist dort ein Waggerl-Museum eingerichtet.

Haben Sie jetzt ausgewaggerlt, wird sich im Amte wieder abgerackelt

W 18

Dank für Gratulationen zum 89. Geburtstag:

Herzlichen Dank!
Georg Hetzelein
Regelsbach 18. X 1992

Dem rührigen „Meister"organisator besonderen Dank für großartige Propaganda in Zeitungen und Rundfunk

Malbriefe von Georg Hetzelein an Reinhard Wechsler im Zusammenhang mit dem Jubiläum 100 Jahre Gredlbahn Roth – Greding 1988

W 19

Hundert Jahre hat sie
Menschen, Tiere und Waren
transportiert
jetzt hat man die getreue
Gredl stückweis amputiert.
Das Auto hat die alte Gredl
umgebracht!
Wer hätte das jemals
gedacht?

W 20

Vielen Dank!
Für die Übersendung des
Mühlenbuches
und der „Gredelbahn"
Schriften.

W 21

Georg Hetzelein arbeitete am Sonderheft der „Heimatkundlichen Streifzüge" zum Gredljubiläum mit.

Ich habe nur einige kleine Änderungen vorgenommen
Lassen Sie doch den eifrigen „Bahnerer" Otto Stecher zu Wort kommen
ist in seiner Art doch ganz originell und gefällig.

Malbriefe von Georg Hetzelein an Reinhard Wechsler im Zusammenhang mit dem Erst Streifzüge"

W 22

Hetzelein übergibt die

„Mühlenchronik"

am

LAND
RATS
AMT
Fremden-
verkehr:
Heimatkundliche
Streifzüge.

Vielleicht
können Sie
die gekürzte
Mühlenchronik
in Gnaden
annehmen.

W 23

Georg Hetzelein war nicht nur Mitautor der „Heimatkundlichen Streifzüge", er zeigte auch großes Interesse an den Beiträgen anderer Autoren. Seine besondere Freude war, wenn er schon vor der offiziellen Vorstellung des neuesten Heftes ein Exemplar bekam.

Was sie wohl bringen die Heimatkundlichen Streifzüge?

W 24

Es war für die Sekretärinnen im Landratsamt nicht leicht, Hetzeleins Handschrift zu entziffern. So musste der Text nochmals gegengelesen werden:

Aber wir kriegen es schon hin!

*Schreib-
Druck und
Schreibfehler-
teufel*

herzlichen Dank

W 25

Hetzelein kämpft gegen den Druckfehlerteufel:

Druckfehlerteufelsjagd

W 26

Schönen Dank für die
Reinschriften des unleser-
lichen Manuskriptes.

auf dem Stuhl:
IM
AUF
TRAG

W 27

Zur Erarbeitung der
Heimatkundlichen
Streifzüge 1993:

*STREIF
ZÜGE
1993*

*Redaktions-
sitzung*

*Mit dankbaren
freundl.
Grüßen*

GH 93

W 28

Zu Heft 12/1993, Seite 23/24: Botanische Exkursion nach „Liebien":

Für die

1 oder 2?

Streif
züge
vorträge

Einmal etwas Botanisches

wird schon was Passendes sein,
vielleicht einmal etwas Anderes.

W 29

Zu Heft 15/1996, Seite 4 bis 12 „Düstere Weltschau eines Reformators" und Seite 91 „Gut versteckt" (Heidenberg-Gedicht). Hetzelein ist zu diesem Zeitpunkt 93 Jahre.

Will denn der Alte
uns ganz verdrängen?
– wenn nötig würde doch
der Heidenberg genügen.

Es ist nun doch nicht viel
auszusetzen gewesen.

Verschiedene Malbriefe von Georg Hetzelein an Reinhard Wechsler

W 30

Im Hinblick auf seinen
85. Geburtstag
am 18. Oktober 1988:

So ein Geburtstag ist wirklich
eine Last.
Schreiben und Zeichnen ist
noch leichter zu ertragen.

W 31

Eine Mitteilung, wie lange die Hetzeleins nicht erreichbar sind:

Bis zum 7. Juli sind wir „verrissen".

W 32

Nachdem er von Reinhard Wechsler etwas länger schon nichts mehr gehört hat:

Bin ich
In Ungnade gefallen?

W 33

Nach Anforderungen von Zeichnungen bzw. Aquarellen:

und werde
versuchen,
auch noch
eine von
HIP
fertig
zu
kriegen

Wie ich sehe,
habe ich noch
zwei Ansichten von
Abenberg liegen.

W 34

Aufforderung zum
Besuch:

*Werfen Sie halt
wieder einmal
dienstreisend
ein Auge zu uns herein.*

W 35

Lob für Reinhard Wechsler nach Presseberichten 1991:

LANDKREIS ROTH
Radwandern, Redaktion,
Seelandschaft
Heimatkundliche Beiträge
beschaffen
Fremdenwerbung
Unterkunft
Organisation der
Ausstellungen
Bücher-Geburts-
helfer
Ausliefern
usw.
usf.
alles das tut:
<u>Reinhard
Wechsler.</u>
Endlich einmal
im Bild der
Zeitungen
und im Gespräch vom
Landrat Hutzelmann
sehr gelobt
worden.

W 36

Als er seinen Führerschein aus Altersgründen mit 92 Jahren abgegeben hatte, bat Hetzelein Reinhard Wechsler immer wieder, ihn zu Malterminen zu fahren. Hier ein dezenter Hinweis auf Abholung zu möglichen Terminen:

Bei dem herrlichen Herbstwetter
ließen sich schon noch einige
Zeichnungen machen.

W 37

Dank für Anteilnahme am Tod seiner Frau Maria am 18. März 1993:

Vielen Dank für die Anteilnahme
vielleicht lassen sich doch
noch einige hellere Tage
finden.

W 38

Dank nach seinem
90. Geburtstag am
18. Oktober 1993 und
nach dem Tode von Landrat Dr. Hutzelmann
(gestorben am Freitag,
16. Juli 1993):

Vielen
Dank!
G Hetzelein

Wie viel habe ich Ihnen unter
Dr. Hutzelmann
zu danken.

W 39

Dank nach Maltermin:

Vielen
DANK

Rothseefahrt
24. 8. 1994

W 40

Reaktion zur Einführung des „Tag des offenen Ateliers", einer jährlichen Kunstveranstaltung des Landkreises Roth, an der Künstler sich in ihren Ateliers bei der Arbeit über die Schulter blicken lassen:

*Es sollen die
jungen Malerknaben
auch einmal eine
Chance haben*

*Ich habe kein Atelier im Haus,
ich laufe in Feld und Wald hinaus;
da kann mir kein Mensch über die
Schulter schauen
und mir vielleicht ein Motiv klauen.*

W 40

Malbriefe von Georg Hetzelein an Marlene Lobenwein, Roth

Ich begegnete Georg Hetzelein Anfang der 60er Jahre. Damals hielt er Vorträge in der Volkshochschule Roth über fränkische Geschichte, die er mit eigenen Skizzen unterlegte. Daraus folgten die sehr beliebten heimatkundlichen Halbtags- und späteren Ganztagsexkursionen.

Studienreisen mit ihm als Reiseleiter nach Apulien, Florenz, Sorrent/Neapel, Rom, Venedig, Lombardei, Istrien/Friaul und Holland schlossen sich an. Georg Hetzelein verstand es, seinen Reiseteilnehmern die Augen für die Schönheit der Kunst und Kultur zu öffnen und durch sein profundes Wissen Verständnis für geschichtliche Zusammenhänge zu wecken. Mal- und Zeichenblock waren stets seine wichtigsten Reiseutensilien.

Georg Hetzelein war eine außergewöhnliche Persönlichkeit. Er gab die Fülle seines Wissens über Kulturepochen, Literatur- und Zeitgeschichte, die weit über die Landesgrenzen reichten, weiter.

Die regelmäßigen Besuche in seinem Regelsbacher Haus, die interessanten Gespräche, oft gewürzt mit seinem hintergründigen Humor, begannen oft mit dem Satz: „Welches Thema wählen wir heute?"

Ich bezeichne es als Glücksfall, mit ihm über Jahrzehnte bis zu seinem Tod freundschaftlich verbunden gewesen zu sein. Viele seiner Bilder und Bücher sind eine stete Erinnerung an ihn.

Marlene Lobenwein

L 1

Mit Poststempel
11. Juni 1970:

Ja, was war es doch diesmal
für ein köstlich Abendmahl
Spargel, Wurst, Butterbrot und Bier
ha, wie schmeckt das jedem hier.
Und wem haben wir dies recht zu danken
Frau Lobenwein, aus Roth in Franken

L 2

Mit gleicher Post eingetroffen (11. Juni 1970):

Sprießt der Spargel im
Garten
dann brauchen wir nicht
lange warten.
Er wird uns in diesen Tagen
sogar von Ihrer Mutter noch
nachgetragen

Unser Dank schießt empor
mit Macht
wie der Spargel in feucht-
warmer Nacht
und wir können nur lebhaft
bedauern
nicht selber danken zu
können in Regensburgs
Mauern

L 3

Poststempel
vom 24. Juni 1976:

Vielen DANK

Schade, um 6 Uhr
waren wir wieder in
unserem Bilderladen
anwesend. Freitag
und Sonntag nach-
mittag bestimmt
geöffnet.

L 4

Mit gleicher Post wie Malbrief L 3 eingegangen (24. Juni 1976):

Schau, schau, was da in unserem Garten gewachsen ist. Welche Göttin hat uns damit begnadet?

L 5

Poststempel unleserlich
(um 1980):

Wie ein Engel flogen Sie
rasch herbei – –
wir waren wieder zurück um
drei

L 6

Auf dem zweiten Blatt der Malbriefsendung (L 5):

und daß Sie nicht wieder vor verschlossener Türe stehen: am Mittwoch, Donnerstag u. Samstag sind wir <u>nicht</u> zu sehn!

L 7

Mit Poststempel vom 19. Dezember 1986 – Geburtstagsgratulation an Marlene Lobenwein:

20. XII 86

Der <u>Sohn</u> ist hoch verliebt.
Die <u>Tochter</u> eifrig Klavierspielen übt
Viel auf Montage ist der <u>Vater</u>, Marlene spielt erfolgreich Theater

So weit ist doch alles gut und wir hoffen und wünschen,
daß es so bleiben tut.

L 8

Datum des Poststempels 24. Juni 1988. Dank für Spargel:

*Weil der weiche Spargel wieder sprießt
sing ich halt mein altes Spargellied,
„Wer dankbar ihn, wie wir genießt,
der wünscht der Schenkerin ein heiteres Gemüt."*

L 9

Auf Blatt zwei (gleiche Postsendung wie L 8), Erinnerung an Reisetermin:

Lorbeer, Pinien und Zypressen
an Pfingsten nicht vergessen.

L 10

An Karl und Marlene Lobenwein, die eine Reise in die USA (Utah, Grand Canyon) geplant haben, Poststempel 12. Oktober 1987 (Fortsetzung siehe L 11 und L 12):

Ach mein Schatz ach reise nicht so weit von hier in Spalt gibts doch ein vielfach besseres Bier

L 11

Auf Blatt zwei:

Und was hast Du denn davon,
wenn du stürzt in einen tiefen Cañon

L 12

Auf Blatt drei:

Und warum wegen Orchideen
nach Florida
züchtet doch schönere,
der Herr Papa.

L 13

Für Marlene Lobenwein, Poststempel 19. Dezember 1988, Glückwunsch zum Geburtstag:

Immer aufwärts!

L 14

An die Pianistin Katja Lobenwein (Tochter von Karl und Marlene Lobenwein) nach einer Mandeloperation. Datum des Poststempels unleserlich (um ca. Frühjahr 1988):

Ein paar Mandeln gefällig?

L 15

In der selben Brief-
sendung wie L 14:

Glückwunsch zum
Osterspaziergang!
Ohne Mandeln
und ohne Mantel
wandeln unter Mandelbäum-
chen
zu einem Mann – del
Katja

L 16

Nach der Wahl von Marlene Lobenwein zur Stadträtin 1990:

Hoch die Frau Stadtradt!

L 17

Mit Poststempel vom
25. November 1993:

Man sagt mir Sie wären
längst
aus Amerika zurück,
mir gönnten Sie noch keinen
Blick.

oder fanden Sie dort nicht das
erwartete Glück
und widmen sich reumütig
wieder
der Rother Stadtpolitik?

L 18

Zum Geburtstag Marlene Lobenweins am 20. Dezember 1994:

20.XII.94

Herzlichen
Glückwunsch
zum Geburtstag

Reisen Sie noch oft, in die weite Welt
um wieder heim zu kehren
in die Enge einer Kleinstadt wie Roth

L 19

Zum Jahresende 1999
und zu Neujahr 2000
(Hetzelein ist inzwischen
bereits 96 Jahre):

Es ist der gleiche Mist!
wie es 1999 *gewesen ist.*

Georg Hetzelein in Wort und Bild

Die Buchreihe von Georg Hetzelein
„Burgen und Schlösser" (ISBN-3-9801169-0-5; Preis: 6,40 Euro),
„Mühlen und Hämmer" (ISBN-3-9801169-1-3; Preis: 6,40 Euro) und
„Furten, Stege und Brücken" (ISBN-3-9801169-2-1; Preis: 4,40 Euro)
zeigt anschaulich sehenswerte Bauwerke des Landkreises Roth.

Hetzeleins kleines Kunstbrevier **„Verachtet mir die Meister nicht"**
(ISBN-3-9801169-5-6; Preis: 10 Euro) hat mittlerweile Kultstatus erreicht.
Auf leichte, beschwingliche Art erzählt Hetzelein vom Leben und Wirken
der „Meister" des Landkreises Roth.

„Georg Hetzelein – Ein Leben für die Kunst" (ISBN-978-3-9807896-4-6;
Preis: 29,80 Euro) fasst Hetzeleins künstlerisches Schaffen mit 125 seiner
Farbbilder und zahlreichen Zeichnungen zusammen. Vom ersten Skizzenbuch aus dem Jahr 1919 bis zu seinen letzten Werken aus den späten
1990er Jahren zeigt das Buch sein künstlerisches Vermächtnis. Hinzu
kommen Würdigungen prominenter Autoren aus der Region.

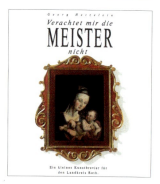

Die Bücher können – ebenso wie die „Heimatkundlichen Streifzüge", in
denen Georg Hetzelein Beiträge verfasst hat – über den regionalen
Buchhandel oder beim

Landratsamt Roth
Weinbergweg 1
91154 Roth
Telefon 09171 81-329
tourismus@landratsamt-roth.de
www.urlaub-roth.de

bezogen werden.

Dank:

Unser Dank gilt allen Leihgebern und Autoren – insbesondere Joseph Heiling (Abenberg), weiterhin Albert Rösch (Roth) und der Sparkassenstiftung Roth-Hilpoltstein für die freundliche Unterstützung.

Autoren: Joseph Heiling
Jörg Ruthrof
Reinhard Wechsler
Franz Kornbacher
Marlene Lobenwein

Leihgeber: Richard Biegler
Joseph Heiling, Familienstiftung Heiling
Franz Kornbacher
Marlene Lobenwein
Literaturarchiv Sulzbach-Rosenberg
Dr. Elisabeth Rüfer
Familie Dr. Ruthrof
Stadtmuseum Ingolstadt, Marieluise-Fleißer-Archiv
Karlheinz Walter
Reinhard Wechsler

Impressum:

Herausgeber: Landkreis Roth

Buchidee: Landrat Herbert Eckstein

Konzeption und Bearbeitung: Joseph Heiling

Redaktion und Datenerfassung: Landratsamt Roth
Kultur und Tourismus

Gestaltung und Herstellung: Emmy Riedel Buchdruckerei und Verlag, Gunzenhausen

Verlag des Landkreises Roth
Weinbergweg 1, 91154 Roth
Telefon 09171 81-329
www.urlaub-roth.de